司牡丹
790

下巻のはじめに

現在の高松琴平電気鉄道は、元京浜急行電鉄の旧1000形などや元京王帝都電鉄の旧5000系、元名古屋市交通局の地下鉄車両が走る鉄道として車両も統一され、冷房化率も100%の鉄道である。各路線も近代化されたイメージがあるが、60年以上前の琴電はまさに百鬼夜行の世界であった。それは終戦後から昭和の時代を指しており、車両不足から各社の車両を買い求めて玉石混交といった世界を醸し出していた。

その頃の琴電については、当時技術部長など琴電グループの要職に就かれた高木 亙氏抜きでは語ることができない。高木氏は琴電の幹部である大西禎夫社長、景山和夫常務の経営指針に従って車両のグレードアップに日夜務められ、電車はもちろんのことバス、タクシーにいたるまで足跡を残された。

高木氏が戦争から復員して最初に取り組んだのが東京急行電鉄から購入した京浜電鉄木造車の受け取り作業、続いて社長からの指示により大手私鉄に負けないような電車を作るように厳命され、自社設計製作で湘南タイプの62号を完成させた。続いて琴平線の優等列車となる「こんぴら2号」の設計途中で、社命によりコトデンタクシーに出向、電車部から離れ、技術者から経営者の道を進み、次々と琴電グループの要職を務め大西禎夫社長の秘書、傘下に収めた高松バスの経営改革、高度成長期の琴電自動車部長、高松～高知間に新設した南四国急行バスの経営、1972（昭和47）年に古巣の電車部長、さらに1975（昭和50）年か

堂山をバックに香東川を渡る元名鉄車1020型(1022＋1021)。1020型 は16両が導入され、冷房車が導入されるまで琴平線の主力として活躍した。
1975.12.30　円座一一宮
P：荻原俊夫

らは高松バス社長、コトデンタクシー社長と琴電グループの要職に就いた。

特に1972年に電車部長に就任されてからは電車の体質改善に尽力され、扇風機の取り付け、窓枠のアルミサッシ化とバランサーの取り付け、観光電車に相応しいよう琴平線に初めて転換クロスシート車を３列車導入するなど、高木氏のイメージとしては高級な阪急電車を目指していると感じることが多々あった。1966（昭和41）年に高松バスの豪華観光バスで初めて阪急と同じゴールデンオリーブの山羊アンゴラの毛を使った高級シート生地を採用、1972（昭和47）年に南四国急行バスの新車でも採用、電車でも名鉄から購入した1031～1036の転換クロスシートや1010型への採用など、お客様が座る座席についても居住性の良いものを追求された。また車内のニス塗りについても、更新に際して345号をペイント塗りからニス塗りに戻された。

高木氏には「電車はかくあるべき」という確固として理想があったように思う。初代琴平電気鉄道社長の大西虎之助氏も阪急電車の姿を追っていたことと合わせて「讃岐の阪急」と呼ばれていたその延長線上に高木氏が邁進していったことを筆者は事あるごとに触れることができた。

今回、高木氏の考えと電車への愛情を余すところなく描写出来たらと思い執筆した。一昨年黄昏に旅立たれた高木氏への贈り物になれば望外の喜びである。

820＋810の２両編成は、元をたどるとJR飯田線豊橋口の前身、豊川鉄道のクハ100形として戦前に製造された２両を国鉄買収後に譲受したもの。820の電装化以降、車体更新などで両車とも豊川時代の姿は失われた。　1984.5.19　高松築港−片原町　P：荻原二郎

7．1960年代の譲渡車

●8000型(810)　／　820型(820)

1962(昭和37)年、国鉄から元豊川鉄道のクハ5610・5611の払い下げを受けて810・820として整備した。1942(昭和17)年木南車両製で、豊川時代はクハ101・102と称する両運転台の制御車であったが、国鉄時代にグローブ型ベンチレーターに変更されて片運転台に改造、連結面側(琴電入線時には琴平側)には国鉄タイプの幌枠が取り付けられていた。

国鉄時代に国鉄タイプの幌枠が取り付けられた他に出入口のステップを撤去、クハ5610は元の張上げ屋根をキャンバス張りに、一方クハ5611は運転台側の貫通路を埋め、正面非貫通に変わっていたが張り上げ屋根のままで、扉上には弓型の水切りが付くなど２両ともに変化があり、特徴のあった前照灯カバーは琴電入線前に失われている。

琴電入りに際しては２両とも高松築港向きの制御車として登場したが、820を方向転換して琴平向きの電動車に改造し、820と810を連結して琴平線の主力車両とした。

後に琴電820となる旧豊川鉄道のクハ102。国鉄買収後の姿だが改番前のため社線時代の車番を引き継ぎ、飯田線で継続使用された。
1950.8.25　豊橋機関区
P：道村　博

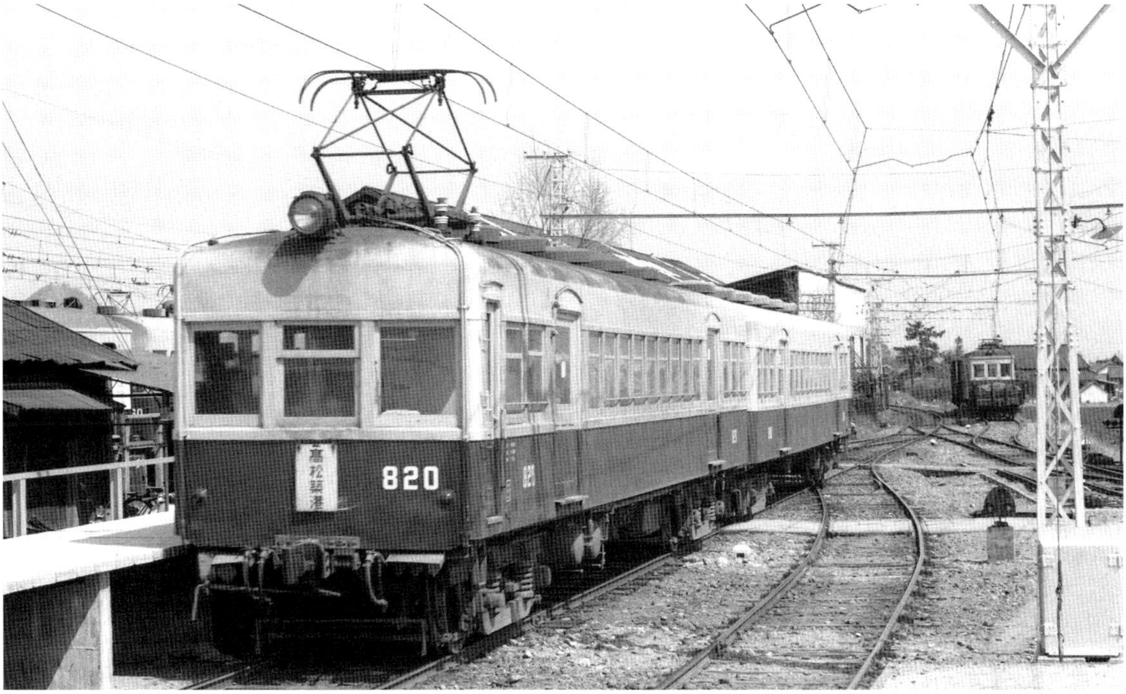

導入後比較的間もない820+810の2両編成。820は国鉄時代に非貫通に改造されていた。810も1966(昭和41)年にキャンバス張り屋根を張上げ屋根に戻し、弓型の水切りも820に合わせて復元された。
1969.4.2　仏生山　P：荻原俊夫

1966(昭和41)年に高松築港～片原町間の城内中学校踏切で、クレーン車とタクシーが接触していたところに810が衝突、前面が大破する事故に巻き込まれ、さらには後続の500が追突するなど琴電では珍しい事故となった。

810は事故復旧に際してキャンバス張りの屋根を張り上げ屋根に戻し、扉上の弓型の水切りも復元され、2両揃って美しい姿になった。810の一番前のグローブベンチレーターが少し傾いていたのも事故の名残である。

張り上げ屋根とされた810。グローブ式ベンチレーターが国鉄時代の面影を残す。客室は一見2段窓に見えるが、実際は1段窓に中桟が入ったもの(2両とも)。
1969.4.2　仏生山　P：荻原俊夫

アルミサッシ化により再度１段窓の形態となった820＋810。820の非貫通前面や張り上げ屋根はこの時点では維持されている。
1974.3.23　仏生山
P：鈴木写真変電所

その後老朽化が進んだ820が1974（昭和49）年に車体更新されることになり、外板の張替とともに通風が悪かった一段上昇式の側窓を二段上昇式に改造、正面も貫通化するなど大きく姿を変えた。この時に車内も阪急電車並みに木目のデコラ張りにすることが計画され、網棚も阪急と同じものが用意されたが、マホガニー木目デコラ板は費用が嵩むことから見送られ、内装は鋼板に薄緑の塗装となった。

その後1986（昭和61）年に更新改造された810もこれに準じているが、810は更新の際に前照灯が埋込２灯式になったため、豊川時代を偲ぶものはなくなった。また長らく使われなかった連結側の貫通路も幌付となった。2003（平成15）年まで活躍し、廃車後は香川県丸亀市内の個人に２両とも引き取られた。

810の連結面側。　1976.1.25　仏生山　P：高橋　弘

820を先頭にした４両編成。820のみが先行して更新に入った後の姿で、810とは屋根や窓などの形態などが異なる。
1977.3　高松築港－片原町　P所蔵：宮武浩二

元南武鉄道の買収国電を譲り受けた850。関東私鉄では標準的な窓配置の３扉車であったが、琴電での採用例は少なかった。
1969.4.2　仏生山　P：荻原俊夫

●850型(850)

8000型に続き、1964(昭和39)年に国鉄から買収国電のクハ6012の払い下げを受け、琴平線用制御車として整備した。

元は南武鉄道クハ253で、1942(昭和17)年に汽車会社で製造された両運転台の制御車であった。国鉄時代に片側の運転台と乗務員扉を撤去、連結面側は国鉄タイプの幌枠付きで入線した。

窓のアルミサッシ化とファンタンゴレッド塗色で軽快な印象となった850。　1976.1.25　高松築港ー片原町　P：高橋　弘

琴平線で長く使用された850だが、晩年は長尾線や志度線で用いられた。
1989年　仏生山
P：宮武浩二

この車両には琴電内に同型車がいなかったため、元近鉄の23や元東武の7000型のお供をしていたが、1977(昭和52)年に高松駅構内で同じ出自の伊豆箱根鉄道のクハ27を発見、素人目には琴電入りするものと思いきや、同車は伊予鉄道への回送の途中で、後にモハ212として整備された。

850はその後長尾線に転出して1998(平成10)年に志度線で廃車となったが、奇しくも長尾線で使用されていた元南武鉄道の80型81号(後述)も同年に廃車となり、これで南武鉄道由来の車両はすべて消滅した。

琴電850の種車である国鉄クハ6010形とは同系となる、元南武鉄道の国鉄モハ2003。
1957.11.28　富山港線内
P：大須賀一之助
(所蔵：宮武浩二)

同じ四国内で活躍した伊予鉄道モハ212。琴電850と同様に南武鉄道クハ252→国鉄クハ6011がそのルーツで、伊豆箱根鉄道クハ27を経て伊予鉄道に搬入された。
1984.11.11　松山市　P：荻原二郎

仏生山の車庫でデカ１と並んだ20型22号。この時点では種車由来の明かり窓の形状が鮮明に残っている。　1969.4.2　仏生山　P：荻原俊夫

●20型（21 ～ 24）

1964（昭和39）年に近畿日本鉄道南大阪線のモ5621形７両（5621 ～ 5627）のうち、４両（5621 ～ 5624）の車体のみを購入したものである。

モ5621形は1925（大正14）年に大阪鉄道デイ型の増備車として製造された半鋼製のデロ型（21 ～ 27）がルーツで、車体は正面が５枚窓の半円形、側面の幕板には飾り窓が設けられ、大阪鉄道時代は飾り窓の内側に摺りガラスが入った優雅な車両であった。

琴電に譲渡された際には21と23の飾り窓はすでに撤去されており、外見上飾り窓の残っていた22・24も車内側は塞がれていた。室内はチーク材のニス塗りで、車内のひじ掛けも特徴のあるデザインであった。シート生地は22・23・24のみ金茶色の段織シートの豪華なものが採用された。

琴電では半円形であった正面をフラットに改造、近鉄から別に購入した標準軌台車を履かせた。車番は当初別の番号にする予定であったが、近鉄時代は車体に４ヶ所5621 ～ 5624と取り付けられていたため、５と６のブロック数字のみ取り外し、近鉄時代の数字で21 ～ 24とした。

琴電20型の種車となった、近鉄南大阪線の前身にあたる大阪鉄道のデロ20形。特徴ある５枚窓の前面は琴電入線時に失われたが、一部車両には飾り窓の跡が残存していた。
1937年　藤井寺
P所蔵：宮武浩二

前頁下写真の大阪鉄道21→近鉄5621が琴電入線した後の姿。入線時には飾り窓がすでに埋められていた。　1969.4.2　P：荻原俊夫

当初は志度・長尾線での使用を予定していたが、長尾線花園付近の高徳線の跨線橋が低いため20型ではパンタグラフが走行中に畳んでしまうことが懸念されたことから、志度・長尾線には琴平線から3000型を送り込むこととし、20型は琴平線で使用することになって610・620・850・950・960を従えて活躍する姿が見られた。

24の車体に残っていた幕板の飾り窓の跡。　1969.4.2　瓦町　P：荻原俊夫

琴電入線後もしばらくは飾り窓の面影が残っていた24。　1969.4.2　仏生山　P：荻原俊夫

琴電入線時にはすでに飾り窓が埋められていた23。もはや大阪鉄道デロ20形とは全く別の車両に見える。
1969.4.2　仏生山
P：荻原俊夫

運転台にワイパーの取付が行われた際に前面窓が小さく改造されたほか、飾り窓も弓型の縁だけが残されていた過渡的な姿の22。
1975.12.30
瓦町　P：荻原俊夫

ファンタンゴレッドに塗色変更されてからの21。腰板やウィンドシルには多数のリベットが残っている。
1976.1.25　仏生山
P：高橋　弘

950型と組んで琴平線で運用される23。
1977.3　栗林公園
P：宮武浩二

経年で車体の傷みが激しくなったことから、昭和50年代に相次いで車体外板の更新が行われ、リベット締めは失われた。晩年は前述の通り長尾線での運用は避けられ、志度線オンリーの運転となった。

2006(平成18)年に21・22・24が廃車となったが、23は最初に更新されたことにより原形に近い内装をそのまま残していたため「レトロ電車」として残り、イベント列車に使用されるなど人気を集めた。しかし2020(令和２)年に廃車となり、現在は高松市牟礼町の施設で保存されている。

余談であるが、近鉄が昭和30年代後半に香川県への進出に乗り出し、傘下に収めた琴平参宮鉄道(琴参)との合併または合弁の申し入れがあった。計画によると円座駅から琴参線に結び五色台を開発して琴電と近鉄資本で観光施設を造る計画であったが、琴電大西祥夫社長は、この計画では利益が香川県にもたらされず大阪に吸い上げられるとして断ったと当時香川県出身の国会議員、福家俊一氏が記述している。

■車両形式図　23

資料所蔵：宮武浩二

車　両　形　式　図

高松琴平電気鉄道株式会社

車種　普通鉄道旅客車（制御電動車 DC 1500V）

記号番号　23

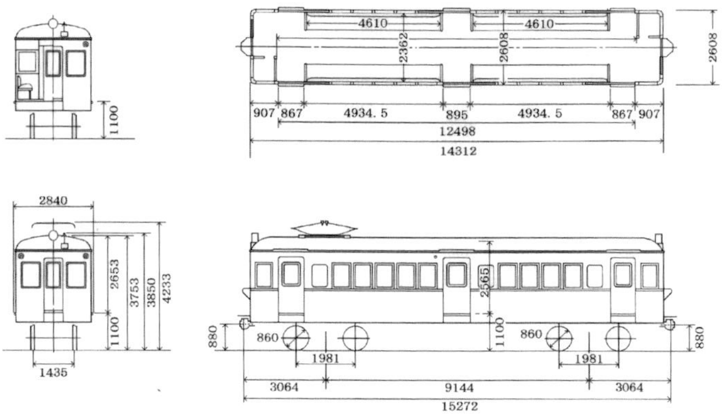

空車重量	32. 0t
定員	96人
座席定員	44人
最大寸法(長さ×巾×高さ)	15272×2840×4233
主電動機　種類	直流直巻き補極付
連続定格出力	48. 5kw
個数	4個
台車の種類	揺れ枕釣合梁式
駆動方式	つり掛け式
歯車比	56:16(3. 5)
制御装置の方式	総括制御HL
ブレーキ装置の種類	急動弁付電磁SME
保安ブレーキの種類	電気指令式
連結器の種類　運転室側	自動連結器
貫通路側	自動連結器
運転保安設備の種類	誤出発防止速度照査型 自動列車停止装置

図番	第　号図	図名	車両形式図 号(新)
設計		課名	車両所
審図		尺度	
製図		月日	

高松琴平電気鉄道株式会社

高松市牟礼町にある、NPO法人運営によるお遍路さんの休憩所に保存された23。現役最晩年にファンタンゴレッド塗装に戻されていたためその塗色が引き継がれ、琴電保存車のなかでは貴重な存在となっている。
2021.4.3　高松市牟礼町
P：宮武浩二

23の室内。ニス塗りの壁面にオリーブグリーンの座席という上品な色合い。
2016.11.3　P：宮武浩二

近鉄5621形のうちそのまま近鉄に残った5627。飾り窓はなくなったが、前面5枚窓は維持されている。
1965.7.30　近畿日本御所
P：荻原二郎

国鉄オハ31形客車の台枠や台車を流用した琴電950型960号。側面は一見名鉄出自の1020型（後述）に似ているが、各所にオハ31由来の特徴を残す。
1969.4.2　仏生山　P：荻原俊夫

●950型（950・960）

1964（昭和39）年、国鉄からオハ31形客車２両の払い下げを受け、仏生山工場で改造した制御車。当初はダブルルーフのままデッキ部を運転台に改造、車体に２ヶ所乗降口を設けるという計画であったが、ダブルルーフの傷みが思った以上に激しく、結局車体は解体して魚腹型台枠を利用し、車体は新造することになった。

塗色変更後の950。台枠流用に伴う前面下のアンチクライマーや車体前後の絞りは他の琴電車両にはない特徴である。
1976.1.25　仏生山　P：高橋　弘

側面がちに見た960。近代的な車体と、台車や床下の魚腹型台枠などの対比が印象的である。　1975.12.30　仏生山　P：荻原俊夫

台枠流用であることから車端部には種車のアンチクライマーが残り、車体も両端が絞り込まれたものとなったが、それ以外は中小私鉄の新造車両に引けを取らない近代的なスタイルとなった。特に窓は上段下降、下段上昇式の大型のものになったほか、連結面側の座席は車体の絞り込みに合わせシートもくの字型になっていた。

定員140人という琴平線最大の収容力を誇り、混雑時を中心に活躍したが、近代的な外観に似合わず乗り心地はオハ31そのままであった。当初は22および24と編成を組んだが、20型が志度線に去った後は7000型の制御車となったのち、三岐からの購入車が入ると7000型とともに1984(昭和59)年に960が廃車された。

残る950は三岐鉄道からの購入車の中で相棒のいなかった1017と編成を組み、幌の取付なども行われたが、1997(平成９)年に廃車された。

琴電950型の種車と同形の国鉄オハ31形客車(オハ31 407)。両者を見比べてみると異なる印象ながらもさまざまな共通点が見出され興味深い。　1963.8.27　三次　P：荻原二郎

瓦町の電留線で休む30型36+50型55号。阪神電鉄からの譲渡車で、30型は制御電動車、50型は電装解除して制御車となった。50型の出入口ステップは阪神時代の木製のままであり、また55の台車は345が履いていた片締式の住友台車に交換されている。
1969.4.2　瓦町　P：荻原俊夫

●30型（27 ～ 39）／50型（55 ～ 57）

元阪神電鉄の881形で、阪神からは4回に分けて16両が購入された。16両のうち13両が制御電動車の30型、3両が制御車の50型となった。

阪神881形は戦時色の濃い1941（昭和16）年に川崎車輌で誕生、急行型として活躍したが、車両規格の向上と1,500V昇圧のために他の小型車とともに1964（昭和39）年頃より廃車が進んでいた。

琴電としては制御装置や連結器などが在来車とは異なるものの車両数が揃えられる利点があり、第一弾として1964（昭和39）年に6両を購入、31 ～ 36に車番を変えて志度線で運用し、それまでいた木造車と小型車を淘汰した。琴電では先に志度線の1,500V昇圧を進め、当面600Vで残る長尾線用に30型を集中配置すべく、第二弾として翌1965年に3両を購入して37 ～ 39とした。続いて第三弾で1966年に28 ～ 30の3両、第四弾で1967年に4両を購入して27および電装解除を行った制御車55 ～ 57（パンタグラフ付）を竣工させ、計16両揃った30・50型で長尾線の運転をすべてまかなった。

琴電30型（39）の改造種車となった阪神881形（901）。戦前の一連の阪神小型車のなかでも戦時色深まる中で登場したグループで、天地が大きいしゃれたデザインの貫通扉から「喫茶店」などの愛称がある。
1958年　芦屋　P：大須賀一之助
（所蔵：宮武浩二）

30型27号。30型のうち車号が39を超えるものは30より遡って27まで付番された。これは次の世代の30型(元京急230形)でも同様の付番方法が踏襲されている。
1976.1.25　瓦町　P：高橋　弘

阪神からの購入に際しては、ほとんどの車両が阪神831形由来の片締め式のボールドウィンタイプ弓型イコライザーの台車に振り替えられて琴電入りしているが、37・38は本来881形が履いていた川崎車輌製のD-16を履いていたことから、他車に転用すべく3000型の片締め式の住友台車に振り替えられた。

阪神からは車両購入と同時に台車・主電動機・パンタグラフの他、前照灯・尾灯(阪神時代の紫のガラスは撤去)・パンタグラフ昇降ポンプ・放送装置などの部品類も多数購入され、琴電の近代化に貢献している。パンタグラフの位置は最初から統一されず、28・30・33・36・37・39・56・57が長尾寄りで、残りは高松寄りであった。また、最後の4両は鋼製のステップに交換されず阪神時代の木製のステップのままとされた。なお55～57の長尾寄りの運転台は使用されたことがなかった。

長尾線の運用に就く30型34号。琴電で積極的に前面貫通幌を使用した数少ない形式である。また連結器も阪神時代に引き続きバンドン型が使用された。
1976.1.25　瓦町
P：高橋　弘

30型27号の運転台部分。運転台が収納できることから連結時は重宝されたが、使用時にはかなり狭かったものと思われる。
1976.1.25　P：高橋　弘

30型34号の正面。天地の大きい貫通扉窓は乗客にとっても格好の展望スペースだっただろう。
1976.1.25　瓦町　P：高橋　弘

近鉄からの譲渡車20型22号と並んだ阪神からの譲渡車30型34号。大手私鉄由来とはいえ車体幅の狭い小型車両は志度・長尾線での使用には好適であった。
1976.1.25　瓦町　P：高橋　弘

これら30型は阪神時代の性能と居住性を備えたままであったため、連結運転時は幌を使用、運転席が収納できる構造も活かしてサービスの向上が図られた。一方で制御器も異なり連結器もバンドン型で、連結開放は便利な反面他車との連結はできず、定期検査の時は特殊なアダプターを付けて、志度線の車両に連結されて仏生山工場に送り込まれる不便さもあった。

30型の導入で長尾線の近代化は一段落したが、戦時設計であった30型は電気ケーブルなどの老朽化により、走行中に29が運転台下を焼損するなど電気関係の故障が続いたことから、長尾線の1,500V昇圧をにらみ老朽化している30型を車体更新するよりも、他社からの車両を購入して琴電規格にするほうが得策と判断されるようになった。

そこで琴平線用に大型車を購入、1000型などを志度線に送り込み、志度線の10型や60型を長尾線に転出させることで、次第に30型は仏生山の側線で休車して並ぶようになった。

最終的には1977(昭和52)年に全車引退して姿を消したが、台車は転用されて現在も300・120の他、保存されている62・760・335・500などでも見ることができる。解体に際して30型の運転機器は高松市内の玩具店オオタ理工社に引き取られ、鉄道模型コーナーに展示されていた。

30型31号。支線用とはいえ他車両より車体幅が狭かった30型は、客扉にステップが設けられていた。
1976.1.25　瓦町検車区
P：高橋　弘

750型750＋760号による琴平行準急電車。卵型のヘッドマークが張り上げ屋根の前面によく似合う。　1969.4.2　仏生山　P：荻原俊夫

●750型（750・760・770）

1965（昭和40）年に元玉野市電100形を３両購入したもので、ルーツは1951（昭和26）年日立製作所で製造された備南電鉄の100形である。同電鉄はその後経営難から市営化されて玉野市電となったが、合理化が進み電車運転から内燃動車による運転にすることで経費節減を図ることになった。

その際に余剰になった制御電動車100形３両と制御車200形１両のうち、100形３両を琴電が購入した。ちなみに200形については小型すぎたので購入しなかったとのことである。

購入後は台車を標準軌に改造した程度で、外観や性能はそのままで琴平線の仏生山～高松築港間の単行で折返し運転に使用された。コンパートメント型の運転台、板張りの床や鉄板のトラップドアなどもそのままであった。その後貫通路を設置し、一時期２連で卵型の準急ヘッドマークを付けて運用に就いていたこともある。

琴電750型の前身となった玉野市電時代のモハ100形（103）。市営交通ではあるもののよくイメージされる軌道線ではなく鉄道線であった。
1962.10.26　宇野駅構内
P：荻原二郎

高松築港駅で発車を待つ、750型２連による琴平線仏生山行区間列車。ホームの先には急行電車用の待避側線が見える。
1969.4.2　高松築港
P：荻原俊夫

1974(昭和49)年に制御装置をHLに改造、他車との連結運転も可能となったが、玉野市電時代の台車と主電動機は当時導入していた1020型(元名鉄3700形)に転用され、代わりに名鉄から来たブリル台車となったが、やわらかい乗り心地は好評であった。

その後長尾線に転じたが、1978(昭和53)年11月3日に770+760の２両編成が長尾線鹿伏踏切(平木～白山間、現在では学園通り駅のある付近)で踏切の警報を無視したダンプカーと衝突、運転士が殉職する痛ましい事故となり、先頭であった770は廃車となった。

残った２両のうち750は1999(平成11)年、760は2006(平成18)年まで活躍、760は廃車後に岡山県の玉野市電保存会に引き取られ、玉野市内の「すこやかセンター」で保存されている。

750型770号。３両存在していた750型のうち770は長尾線での踏切事故により大破し、他の２両に先駆けて廃車された。
1974.3.23　仏生山　P：鈴木写真変電所

瓦町駅を発車する、750型２連による長尾線平木行区間列車。750型は同形式同士で編成を組む例が多かった。
1975.12.30　瓦町
P：荻原俊夫

元西武(→山形交通)の740、元東武の730と顔を並べる元名鉄の1020型1027号。1020型は1969(昭和44)年より16両が琴電に譲渡され、一躍琴平線の主力車両となった。
1976.1.25　仏生山　P：高橋　弘

●1020型(1021～1036)

琴電では、1968(昭和43)年に琴平線用として名鉄3700系(モ3700形・ク2700形)の購入を決め、1969年より1020型として16両が譲渡された。名鉄3700系についてはRM LIBRARY 187『名鉄木造車鋼体化の系譜』(清水　武氏著)に詳しい。

名鉄3700系は、当時名鉄に在籍していた元愛知電気鉄道や元伊那電気鉄道などの木造旧型車両の足回りを使って1958(昭和33)年に日本車輌で車体新造をしたものであった。

車体新造から10年も経たないことから程度がよく、かつ琴電としても都合のよかった1,500VのHL制御車を名鉄から譲り受けることができたのである。以下入線順に解説する。

琴電1020型の種車と同形式の名鉄モ3700＋ク2700形。老朽化した木造車の足回りを使い車体を新製したもので、主に支線区で使用された。
1962.12.15　吉良吉田
P：荻原二郎

1020型のうち最初に入線した1021＋1022の編成。琴電入線時は名鉄時代の塗装のままであったが後に改められている。
1976.1.25　瓦町　P：高橋　弘

○1021＋1022

最初に購入した名鉄モ3703＋ク2703(名鉄時代にモ3704→ク2703に改造)は琴電手持ちの台車を使い、1021＋1022のMc-Tcの固定編成で登場した。当初は名鉄時代のクリーム色＋赤帯という塗装のまま登場、車内も名鉄時代のままで、琴電ではサービス向上策として扇風機が初めて取り付けられた。

上記編成の反対側に付く制御車の1022。
1976.1.25　瓦町　P：高橋　弘

○1023＋1024

続くモ3701＋ク2701(名鉄時代にモ3702→ク2701)は琴電1023＋1024として1969(昭和44)年に整備。この車両が長らく琴電標準色として親しまれたファンタンゴレッドを使用した最初の車両となった。車内はパープルグレーに塗り替えられたが、のちに元の名鉄色のライトグリーンに戻された。

1020型のうち２本目に入線した1023＋1024の編成。ファンタンゴレッドを最初に使用した車両である。
1975.12.30　仏生山
P：荻原俊夫

３本目に入線した1025＋1026の編成。
1977.3　瓦町
P所蔵：宮武浩二

○1025＋1026

1970(昭和45) 年に購入した名鉄モ3718＋ク2718は、琴電1025＋1026として竣工した。この編成までは1020型はすべてロングシートであった。

○1031＋1032

1972(昭和47) 年は車内が転換クロスシートのモ3713＋ク2713が種車となった。従来のロングシート車と区別するため車号は30番代とされ、1031＋1032として竣工した。この編成から山羊アンゴラの阪急オリーブのシートに交換され、シルバー色の座席カバーが付くなど阪急2800系の車内に似た観光電車の要素が強い車両となった。

なお1032は名鉄(ク2713) 時代に高運転台に改造されており、3700系の中では珍しい存在であった。琴電でも高運転台のまま使用されたが、その後琴電には高運転台車は入っていない。

仏生山工場で更新作業中の1032。1020型のなかでは唯一名鉄時代に高運転台化されていたが、更新後もそのまま引き継がれた。　1984.5.19　仏生山　P：荻原二郎

４本目に入線した1031＋1032の編成は、名鉄時代に装備された転換クロスシートのまま当初は使用されたが、後にロングシート化された。
1976.1.25　仏生山　P：高橋　弘

５本目に入線した1033＋1034の編成は、1031＋1032と同様に当初転換クロスシート装備であった。元南武鉄道の買収国電である73と並ぶ。
1977.3　瓦町
P所蔵：宮武浩二

○1033＋1034、1035＋1036

1972(昭和47)年に購入したモ3714＋ク2714およびモ3710＋ク2710も引き続いて転換クロスシートとなり、前者は1033＋1034、後者は1035＋1036となった。しかし、いずれの車両も混雑対策から、1975(昭和50)年以降ロングシートに交換された。

６本目に入線した1035＋1036の編成。この編成も入線時は転換クロスシート装備であった。
1975.12.30　仏生山
P：荻原俊夫

1035＋1036の編成のうち制御車の1036(元名鉄ク2700形)。
1984.5.19　仏生山　P：荻原二郎

７本目に入線した1027＋1028の編成からは琴電入線時にはロングシートとされ、車号も1026からの連番としている。高松築港側に740を増結している。
1977.3　片原町
P所蔵：宮武浩二

○1027＋1028、1029＋1030

1031～1036と３編成にわたり転換クロスシート車の増備が続いたが、1974(昭和49)年に購入したモ3705＋ク2705からは混雑時の対策として、転換クロスシート車であったもののロングシートに変更され、車号も欠番となっていた1026以降の1027＋1028とされた。同じく1974年に購入したモ3712＋ク2712も同様に1029＋1030とされ、空番を補った。

これら16両の1020型は琴平線の近代化に貢献し、捻出された旧型車が志度・長尾線に追いやられることになった。また、前述のように転換クロスシート車として入線した1031～1036の６両も、混雑対策から1975(昭和50)年以降ロングシートに交換された。

これら名鉄車の導入により、標準軌の台車が不足する事態となったことから在来車の台車の振替が頻繁に行われ、名鉄から購入した狭軌台車の標準軌化改造が行われたほか、旧今橋車庫にあった旧型車の廃車由来(61・210など)の台車も活用されることになった。

1020型は長く琴平線の看板車両として活躍、２編成がカルダン駆動台車に交換されるなどしたが、京浜急行電鉄から購入した冷房車に追われて廃車となった。

８本目に入線した1029＋1030の編成を最後に1020型の増備は終了し、総勢16両が京急から譲渡された冷房車の入線までの間、琴平線の主力として重宝された。
1977.3　高松築港－片原町
P所蔵：宮武浩二

1020型のなかでも写真の1031＋1032と1029＋1030の編成は、晩年に新型台車に履き替えられ、カルダン駆動に改められていた。前照灯もカバーを流用しつつシールドビーム化されている。
1998.5.2　仏生山　P：稲葉克彦

Column6　琴電における台車改軌について

鉄道創設期より標準軌で開業した志度線・琴平線であるが、戦後大手私鉄の中古車を購入するようになると、志度線用のものは同じ標準軌の京浜急行電鉄や阪神電気鉄道からの購入車であったため台車の改造は必要なかったものの、琴平線については東武車両（7000・9000型）3両分以降、狭軌の車両の導入が続くことになり、台車の標準軌化が必要とされた。

昭和30年代からは国鉄から入ってきた台車の改造も多くなり、仏生山工場の奥には台車の拡幅作業工程で狂いが生じないように、肉厚の鉄板で作られた台車一台分を載せられる専用の作業台が設置され、改軌作業が行われていた。

1969（昭和44）年以降に名古屋鉄道から持ち込まれた16両分の狭軌台車（東洋車両製のボールドウィンタイプ1両分は除く）も、作業の合間に2ヶ月から3ヶ月かけて台車を分解して改軌した。標準軌台車の確保が簡単ではなかった時代、現場で築き上げた琴電の高い技術力を示すことになった。将来を見据えて改軌したブリル台車は1310無蓋貨車に載せて保管されていた。

なお、狭軌だった東濃鉄道の鋳鋼台車や三岐鉄道のカルダン台車は改軌が難しく、そのままスクラップとなった。琴電としては扱いやすいブリル台車の方が改造には適していたようだ。

狭軌の東濃鉄道から譲渡されたクハ201が、標準軌に改軌されたブリルの仮台車を履き、琴電81としての整備を待つ。
1975.12.30　仏生山　P：荻原俊夫

改軌で使用される台車を載せ、仏生山に留置されていた無蓋貨車1310。
1989年　仏生山　P：宮武浩二

山形交通三山線の廃止により琴電に譲渡された780型780号。元は旧西武鉄道のモハ200形で、同形式は一畑電鉄に6両、豊橋鉄道にも2両が譲渡された。
1977.3　仏生山　P所蔵：宮武浩二

8．1970年代の譲渡車

●780型（780・790）→860型（860・870）

780型は、山形交通より1975（昭和50）年に譲り受けた制御電動車（両運）である。元は1940（昭和15）年に西武鉄道が梅鉢鉄工所に10両発注したモハ201～210のうちの2両で、関東に多く見られた17m級の片側3扉車であった。

西武鉄道は戦後国鉄規格に変わっていったため、社線当時の車両は同社所沢工場で地方鉄道向きに改造することで各地の地方私鉄に売り込みを図っていた。1959（昭和34）年に西武モハ225が、翌1960年には同クハ1224が正面を傾斜の付いた2枚窓に改造し、2両とも両運の電動車として山形交通に譲渡されて、三山線でモハ111・112として活躍した。

しかし1974（昭和49）年に山形交通三山線が高畠線とともに廃止されたことから、翌1975（昭和50）年に高畠線モハ4（後の琴電740型）とともに琴電入りした。琴電ではそれぞれ片側のみ（780は築港側、790は

山形交通時代のモハ111。旧西武時代は片運転台であったが、山形交通入線時に両運転台に改造され、同時に前面が2枚窓とされている。写真ではスノープラウを装着し、旅客営業を行いながら貨車を牽引している。
1960.3.3　海味
P：荻原二郎

780とともに山形交通より譲渡された790。当初は２両固定編成で運転することを考え、780は築港側、790は琴平側を貫通に改造したが、増結に使用する機会が多く、非貫通側も早々に貫通式に改造された。 1977.3 仏生山 P所蔵：宮武浩二

琴平側）の貫通化工事とステップの撤去、1,500V昇圧工事を施して780・790として使用した。のちに両車とも未工事であった非貫通側も貫通化している。

1983（昭和58）年には２両とも制御車に改造、860・870に改番の上、志度・長尾線で使用した。1998（平成10）年に車両代替されることになり、廃車解体された。

奥から740、1201、780が仏生山車庫に並ぶ。このアングルで見ると、780型の正面窓が上に行くほど奥に傾斜しているのがよく分かる。 1977.3 P所蔵：宮武浩二

780を電装解除した制御車860のサイドビュー。５個のベンチレーターが均等に再配置されている。 1998.5.2 P：稲葉克彦

高畠線の廃止に伴い山形交通から譲渡された琴電740。そのルーツは旧西武鉄道が製造したモハ550形という川崎造船所製の電車である。
仏生山　P所蔵：宮武浩二

●740型(740)→890型(890)

740型は、前述の通り山形交通高畠線のモハ４を1975(昭和50)年に譲り受けた制御電動車(両運)である。ルーツは1927(昭和２)年に川崎造船所で製造された旧西武鉄道モハ550形555号で、同型車はモハ550形とクハ600形を含め20両が誕生した。外観は川造型独特の屋根の深い重厚なスタイルであった(詳細はRM LIBRARY 269巻『川造型電車(上)』を参照)。

20両の川造型電車は、西武での晩年期は151系(クモハ151形・クハ1151形)となり多摩川線などの支線区で使用されたが、社線型は御多分に漏れず地方鉄道に売却されることになり、20両の仲間はすべて地方鉄道に活路を求めた。そのうちの１両、クハ1151形1156号(旧西武モハ555)が1966(昭和41)年に所沢工場で山形交通向きに改造され、両運の制御電動車モハ４として高畠線に入線した。しかし1974(昭和49)年の山形交通(三山線・高畠線)の廃止により、三山線のモハ111・112とともに琴電入りした。

琴電では1,500V昇圧改造とステップ撤去のほか、両側ともに貫通化され、琴平線の増結用に使用された。1983(昭和58)年には制御車に改造して890となり志度・長尾線に転出、1998(平成10)年に廃車された。

西武鉄道から譲渡された、川崎造船所製の独特な車体を持つ山形交通モハ４。後の琴電740である。
1968.7.23　糠ノ目
P：鈴木　洋

東濃鉄道から譲り受けた14m級電車の70型71号。台車は廃車された旧30型(元阪神)の台車を流用、元の鋳鋼台車は改軌することなく廃棄された。次位は同時に東濃鉄道から譲り受けた元買収国電の80型81号で、いずれも小型車ゆえ志度・長尾線で使用された。
1977.3　瓦町　P所蔵：宮武浩二

●70型(71・72)

東濃鉄道からの譲渡車で、東濃モハ101・102を譲り受けた両運転台の制御電動車である。

東濃鉄道モハ101・102は、駄知線の電化に際して1950(昭和25)年に14m級の両運転台電動車を東芝車両で2両新造したもので、窓の大きい軽快なスタイルを持ち、小型ながらも立派な一体鋳鋼台車を履いていた。2両のうちモハ101は東濃時代の1956(昭和31)年に電気機関車と衝突事故を起こし、復旧に際しては片側の正面が貫通式のフラットな姿となった。その後モハ101・102ともに非貫通であった側を貫通式に改造している。

しかし1968(昭和43)年7月13日の大豪雨で駄知線の橋梁が流失、翌日より全線で運転を休止した。橋梁の復旧には莫大な資金を投ずる必要もあるためバスで代替することになり、被災後一度も走ることなく1974(昭和49)年10月21日に駄知線は廃止された。

同社の車両のうち元西武のものは名鉄および流山電鉄に引き取られる中で、小型のモハ101・102は後述する元買収国電(南武鉄道)の東濃モハ103とクハ201・202とともに廃止された車庫で、休止期間と廃止後の期間を含めると3年近く保管されていた。

駄知線土岐津駅(この後土岐市駅に改称)に停車中の東濃鉄道モハ100形102号。東芝車輌で新造された数少ない電車で、1974(昭和49)年の廃線後に101・102ともに琴電へ譲渡された。
1965.2.17　土岐津
P：荻原二郎

長尾線を走る71+67。71・67ともに旧30型(元阪神)からの台車を使用している。71は車体更新後で、非パンタ側前面は、東濃時代の事故に伴い平妻で復旧されていた。
1990.10.9　水田－元山
P：鈴木写真変電所

ところが1976(昭和51)年に琴電長尾線の1,500V昇圧による車両代替でこの5両は琴電が購入することになり、仏生山工場で整備された。モハ101・102は琴電70型71・72としてステップを撤去のうえ制御器をHLに交換、廃車された30型(元阪神)の台車を使用して、同時に東濃から入線した元南武の81・82・73とともに志度・長尾線で走り出したが、小型車ということで朝夕のラッシュ時に限り運転された。

1983(昭和58)年に老朽化で元南武の73・82が廃車されると71は連結する相手がなくなったため、長尾線平木駅で長期の留置が続き荒廃していたが、その間に瓦町駅の工事のため志度線が分断となり、72と81は志度線用となった。71は長尾線側に残っていたが、車両の不足が予想されことから1996(平成8)年に改修工事が施された。1998(平成10)年に72が81とともに廃車、2000(平成12)年に71が廃車となったことから、元東濃車はすべて姿を消した。

長尾線71のコンプレッサー側サイドビュー。長尾線では右側のパンタ側が長尾方となる。
1998.5.3　水田－元山
P：稲葉克彦

長尾線71の主制御器側サイドビュー。非パンタ側の平妻前面がよく分かる。
1999.3.21　元山－水田
P：稲葉克彦

東濃鉄道のモハ103を譲り受けた琴電70型73号。さらに元は国鉄に買収された旧南武鉄道のモハ100形で、国鉄時代に電装解除されていたものが東濃時代に再度電装されている。
1977.3　瓦町
P所蔵：宮武浩二

●70型（73）／80型（81・82）

前述の71・72と同様に東濃鉄道からの譲渡車で、制御電動車の70型73号は東濃モハ103、制御車の80型81・82号は東濃クハ201・202を譲り受けものである。さらにその前身は南武鉄道（現在のJR南武線）が開業に合わせて汽車会社東京支店で15両製造したモハ100形のうち1926（大正15）年製の３両で、同じく汽車会社東京支店で新造した琴平電気鉄道1000型とほぼ同時期の製造である。

南武鉄道が鉄道省に買収された後、1951（昭和26）年にモハ101・102・104が東濃鉄道に払い下げられたが、譲渡当時は制御車であったことから東濃でもクハ201・202・203として入線した。のちにクハ202・203がサハ改造されたり、一部が笠原線に転属したりするなど変化があったものの、最終的には駄知線に集められ、1953（昭和28）年にはサハ203が電動車化されてモハ103となった。さらに1959（昭和34）年にはサハ202も制御車に返り咲き、最終的にモハ103とクハ201・202となって1974（昭和49）年の駄知線廃止を迎えた。

前述のように琴電が1976（昭和51）年に長尾線の1,500V昇圧用としてモハ101・102とともに購入することとなり、ほぼ東濃時代の姿のままモハ103は琴電70型73に、クハ201・202は琴電80型81・82となって志度・長尾線で運用された。

しかし小型車ということで朝夕のラッシュ時の運転に限られることから、1983（昭和58）年に老朽化していた73・82が、1998（平成10）年には72とともに81がそれぞれ廃車された。

琴電73の種車として購入された元東濃鉄道モハ103。仏生山に留置中のもので、改軌に備えブリルの仮台車を履いている。
1975.12.30　仏生山
P：荻原俊夫

東濃鉄道からの譲受車による志度線の２両編成。手前は譲り受けた３両の元南武型のうち、クハ201を前身とする制御車80型81号
1977.3　原－房前
P所蔵：宮武浩二

今橋車庫に留置中の制御車80型81号。小型車ゆえ出番は少なかった。
1998.5.4　今橋車庫
P：稲葉克彦

高松築港へ向かう３両編成。先頭は制御車の80型82号で、東濃からの元南武型のうちこの車両のみ側窓が木製２段窓で残されていた。　1977.3　片原町　P所蔵：宮武浩二

琴電81の種車となった元東濃鉄道クハ201。東濃時代に木製２段窓とされていた頃があったが、アルミサッシ化に際し１段窓に戻されている。　1976.1.25　仏生山　P：高橋　弘

琴電82の種車となった元東濃鉄道クハ202。この車両は琴電入線後も最後まで木造2段窓であった。
1975.12.30　仏生山　P：荻原俊夫

京急デハ230形を14両譲り受けた琴電30型。16m級という車両サイズは志度・長尾線にとって好適であったため、およそ20年に渡って主力車両として使われた。
1997.12.14　房前　P：稲葉克彦

●30型(25 ～ 38)

志度・長尾線用に京浜急行電鉄デハ230形を14両譲り受けたもの。そのルーツをたどると、湘南電気鉄道(現在の京浜急行電鉄日ノ出町以南)が1929(昭和４)年に川崎車輌で製造したデ１形と、京浜電気鉄道(同日ノ出町以北)が1932(昭和７)年に汽車会社で製造したデ71形、さらに1936(昭和11)年に汽車会社で製造したデ83形からなり、形態はいずれもほぼ同じものである。また湘南デ26形も同型車であったが、京急時代に全車付随車化されたため、琴電への譲渡対象にはなっていない。

戦時の大東急時代にデハ5230形に整理され、京浜急行電鉄に分離後はデハ230形となった。京急時代の1963(昭和38)年から全室片運転台化・側窓のアルミサッシ化などの車体更新が行われ、大師線・空港線などの支線区で活躍して1978(昭和53)年に引退した。

京急時代の晩年は支線の大師線で使われていたデハ230形277号。琴電では30型35号となり前面非貫通のまま使用された。
1971.2.4　京浜川崎－港町
P：荻原二郎

元京急230形のなかでは最初に琴電に入線した30型31＋32号。導入当初は空番がなく75＋76の車号で入線、後に改番された。
1990.1.9　瓦町　P：稲葉克彦

琴電では1977（昭和52）年から順次購入、最初の2両は75・76の車号で登場したが、次からは33・34・35・36と新形式とし、75・76は元阪神車30型の引退を待って31・32に改番して整理した。初期の購入車である31～36の6両は京急当時の姿で正面非貫通であったが、次の37・38・25～30の8両は正面貫通式に改造したため、雰囲気が異なっていた。

14両揃った30型は志度・長尾線に導入されたが、主電動機の出力が大きかったため琴平線の在来車と台車の振替を計画、この時点で多くの車両間で台車が振

瓦町駅の3番線ホームで出発を待つ30型33＋34号。当時志度線はこの場所でスイッチバックを行い、琴平線とともに高松築港駅へ乗り入れていた。
1990.1.9　瓦町　P：稲葉克彦

琴電30型37号。４本目となるこの37からは入線時に前面貫通扉が開けられた。　1990.1.9　瓦町　P：稲葉克彦

り替えられた。琴電での台車振替の歴史は1953(昭和28)年に購入した営団地下鉄1000形の台車購入が最初で、次が1966(昭和41)年に入線した阪神車から志度・長尾線車両の台車振替が始まり、1969(昭和44)年から入線した名鉄車から琴平線車両の台車振替、そして1978(昭和53)年に入線した京急230形の時は全車両対象で振り替えられているが、どちらかというと台車に付いている主電動機の有効活用のための振替の意味合いが大きかった。

30型は志度・長尾線の近代化に大きく貢献したが、冷房装置もなく車両も古いため、居住性の向上を図るため元名古屋市交通局の地下鉄車両と入れ替えることになり、1999～2001(平成11～13)年にかけて順次廃車された。ただし27・28はその後も志度線に残り、2007(平成19)年に廃車された。

琴電30型38号。30型の偶数車はすべて電装解除され、制御車として使用された。本来履いていた旧台車は電動車のものも含め、琴平線車両の性能向上に役立てられた。
1990.1.9　瓦町　P：稲葉克彦

京急から琴電へ
—陸路で搬出される琴電75・76—

TEXT：編集部

琴電に譲渡される元京急230形２両(琴電車号75・76、後に31・32に改番)の搬出にあたって、仮台車への換装が京急大師線の産業道路駅(現・大師橋駅）の構内で行われました。この場所には当時、川崎大師駅付近にある味の素工場引込線への貨物輸送のため、川崎貨物駅に隣接する小島新田駅付近から三線軌条が敷かれており、それを生かしての台車換装工事が終電後の駅構内で行われました。　1977.3.10　P：鈴木写真変電所（３点とも）

75の連結面側の台車はすでに狭軌の仮台車に換装され、狭軌の線路上に載せられている。

75の運転台側を持ち上げて仮台車に換装中の姿。同車は京急久里浜工場によりすでに琴電塗装に整備され、車号も変更されている。

仮台車へ換装中の76。車輪が三線軌条の内側のレールに載っていることがわかる。なお、産業道路駅で台車換装・発送作業が行われたのはこの75・76の時のみで、以後の30型の発送は東急車輌と京急逗子線の三線軌条を介して行われた。

瓦町駅付近の志度線の線路沿いにあった瓦町検車区。晩年は今橋車庫に検修施設を移し留置線となっていたが、志度線分離時に瓦町駅の敷地の一部となった。
1977.3　P所蔵：宮武浩二

Column7　工場施設の変遷

工場・検車場についての変遷は、合併前の志度線および市内線は東讃電気軌道時代から今橋駅に隣接する今橋車庫で整備した。長尾線の前身、高松電気軌道は当時の出晴駅に隣接する出晴車庫(現在の瓦町変電所出晴踏切近く)で整備していた。琴平電気鉄道は仏生山駅に隣接する仏生山車庫で整備されていた。

高松琴平電気鉄道になってからもしばらくそのままであったが、1945(昭和20)年の高松大空襲で出晴車庫は被災、合わせて長尾線の軌間を狭軌から標準軌に改軌したので、出晴車庫は廃止となり今橋車庫に統合された。

その後、志度線の1,500V昇圧で今橋車庫は1969(昭和44)年2月に廃止され(実際は線路もそのまま残し通電されていたので休車等の電車の留置や工事車となっていた61やデカ1などの出入りなどは行われていた)、出晴の車庫内に瓦町検車区を建設、志度・長尾線の日常点検を行うことになったが、両線で電圧が異なるため曜日を決めて検車棟内を1,500Vと600Vに切り替えるようにして双方の車両を点検していた。この時点で定期検査は仏生山工場に集約されていたので、長尾線600V車両(30型)の定期検査は、瓦町検車区で志度線の車両とアダプター(連結器が阪神のバンドン型で連結できないため)を介して連結、パンタグラフを降ろして、瓦町駅で琴平線の電車に連結して仏生山に送り込まれた。

その後長尾線の1,500V昇圧に絡み、廃止していた今橋車庫の古い建物と廃車群を解体、近代的な検修施設を造り、1977(昭和52)年11月から使用を開始した。これにより瓦町検車区の使命は終え、留置線となった。仏生山車庫は1968(昭和43)年に琴平線を挟んだ東側に工場を移転、志度・長尾線の車両検査や車体改造が行われることとなった。その後1976(昭和51)年に工場の拡張と、旧工場であった検修施設を新築した。

1994(平成6)年、瓦町駅の再開発に伴い6月26日をもって志度線は瓦町駅止めとなり、志度線は琴平線・長尾線と分断された。その後は志度線の車両は今橋車庫で検査、改造が行われ、琴平線、長尾線の車両は仏生山で日常点検、定期検査が行われるようになって現在に至る。

阪神から旧30型を購入した際に、同時に台車やパンタグラフなどの部品も多数購入し、在来車両の更新など琴電の車両近代化に大きく貢献した。また30型の廃車解体後も使用可能な台車や部品は在来車の台車振替などに使用され続け、現在でも120・300号の他、各地で保存されている車両でもその台車を見ることができる。
1975.12.30　今橋工場
P：荻原俊夫

琴電1050型1051＋1052号。前身は阪神ジェットカーの試作車5001形で、車体・下回りともに大きく手を加えられたため原形の面影は少ない。２両でメーカーが異なり、車体構造が異なる。写真は台車交換・高性能化後の姿。 1990.1.9 瓦町 P：稲葉克彦

9. 阪神・三岐からの譲渡車

●1050型(1051・1052)

1958(昭和33)年に阪神電気鉄道が日本車輛と川崎車輛に１両ずつ発注したジェットカーの試作車。登場時の外観は正面２枚窓の非貫通タイプで、5001・5002として竣工した。その後に増備された5101・5201形に併せて正面貫通扉を取り付けるなどして活躍した。

1977(昭和52)年に新5001形に代替されることになり廃車されたが、大型車を探していた琴電の目に留まり、武庫川車両工業で中央扉を閉塞、その場所に上段下降・下段上昇窓を新設するなど琴電仕様に改造、1051・1052としてMc＋Tcの固定編成化、高性能台車や機器はすべて旧式の吊掛HL仕様となった。1052はTcながらパンタグラフを搭載していたが、使用実績はなく、のちに撤去された。

1984(昭和59)年には台車・主電動機を新造して再び高性能化されたが、京急から初代1000形(琴電では1080型)が導入された際に代替されることになり、2004(平成16)年に廃車となった。この車両は阪神時代より試作車として誕生したため、阪神在籍中に車体内外とも大規模に改造されただけでなく、琴電入りでさらに外観も性能的にも改造され、新造当時の姿と比較しても全く違う車両になってしまった。

阪神電鉄の高加減速車、いわゆる「ジェットカー」の試作車として誕生した5001形(5002+5001)。製造当時は正面２枚窓で３扉車であった。 1958年 芦屋 P：大須賀一之助(所蔵：宮武浩二)

左写真と同じ阪神5001形5002号であるが、正面貫通化され印象が大きく変化している。 1975.5.4 P：鈴木写真変電所

阪神5101形を改造の上で譲り受けた1060型1062号。一連の元阪神車は、当時急曲線であった瓦町駅ホームでの安全確保のため中央扉を埋め２扉車にされたほか、他車との併結を考慮し吊掛駆動の旧性能車とされている。　1990.1.9　仏生山車庫　P：稲葉克彦

●1060型(1061・1062)

1981(昭和56)年、1051・1052に続き阪神電鉄より1960(昭和35)年製の5101形を２両購入した。入線に際しては、阪神電鉄尼崎工場で武庫川車両工業の手により中央の扉を閉塞して２扉に改造、それに伴い新設された窓には阪神5101形の廃車発生品を使用している。

琴電では両運転台の特性を活かして増結用に使用するため、旧型台車に吊掛駆動という旧性能車として竣工した。琴平線築港側への増結用とされ、2006(平成18)年まで使用された。元阪神車は連結面の幌は使用したものの正面に付いていた幌は撤去され、同型車との連結でも幌の使用は考慮されていなかった。

搬入直後の1061。　1989年　仏生山　P：宮武浩二

1060型1061号。正面に露出した配管が阪神電車の面影を強く残す。
1990.1.9　仏生山
P：稲葉克彦

琴電初のカルダン駆動車、1053型1053+1054号。先に入線した1051+1052と同様、中央扉が埋められている。
1997.12.13　仏生山車庫　P：稲葉克彦

●1053型(1053・1054)

1981(昭和56)年に阪神電鉄から1962(昭和37)年製の5243・5244の2両を購入した。車体は1060型と同様に片側3扉から2扉に改造、車内も化粧板をすべて交換し、足回りは台車・駆動装置・主電動機は新調され琴電初のカルダン駆動車となった。Mc+Tcの固定編成とされ、制御車化された琴電1054(←阪神5244)は阪神時代に付いていたパンタグラフが撤去された。

特筆すべきは在来のHL車との連結が可能なシステムが構築されたことで、以後の中古購入車両も同じシステムが採用された。

琴電では1984(昭和59)年以降、車両冷房化を推進するため京浜急行電鉄の600・1000・700形、さらに京王帝都電鉄5000系を順次導入することになり、在来車は冷房改造せず廃車する方針になったことから、1053型も元京浜急行700形(4扉車)を改造した1200型と入れ替わりに2006(平成18)年に廃車された。

■車両竣功図表　1060形1061・1062

資料所蔵：宮武浩二

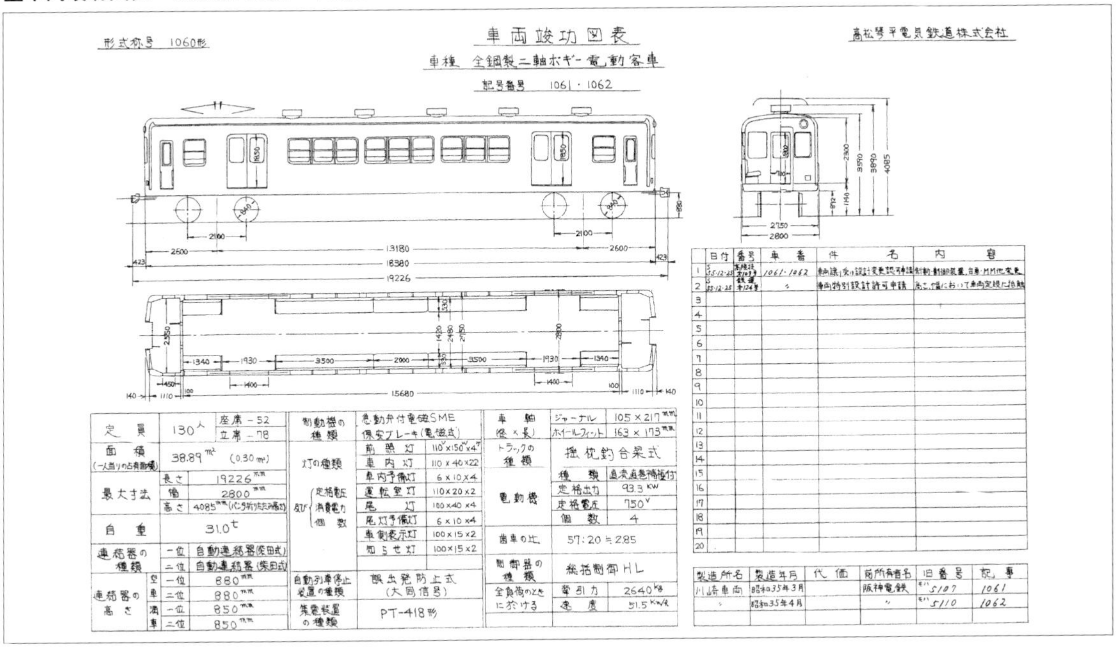

形式称号　1060形

車両竣功図表

車種　全鋼製二軸ボギー電動客車

記号番号　1061・1062

高松琴平電気鉄道株式会社

定員	130人	座席－52	
		立席－78	
面積(一人当りの占有面積)	38.89 m² (0.30 m²)		
最大寸法	長さ	19226 mm	
	幅	2800 mm	
	高さ	4085 mm (パンタ折りたたみ高さ)	
自重	31.0 t		
連結器の種類	一位	自動連結器(柴田式)	
	二位	自動連結器(柴田式)	
連結器の高さ	空車	一位	880 mm
		二位	880 mm
	満車	一位	850 mm
		二位	850 mm

制動機の種類	急動弁付電磁SME 保安ブレーキ(電磁式)	
灯の種類及び{定格電圧 消費電力 個数	前照灯	110V×150W×4ヶ
	車内灯	110×40×22
	車内予備灯	6×10×4
	運転室灯	110×20×2
	尾灯	100×40×4
	尾灯予備灯	6×10×4
	車側表示灯	100×15×2
	知らせ灯	100×15×2
自動列車停止装置の種類	誤出発防止式(大同信号)	
集電装置の種類	PT-418形	

車軸(径×長)	ジャーナル	105×217 mm
	ホイールフィット	163×173 mm
トラックの種類	揺枕釣合梁式	
電動機	種類	直流直巻補極付
	定格出力	93.3 KW
	定格電圧	750 V
	個数	4
歯車の比	57：20≒2.85	
制御器の種類	総括制御HL	
全負荷のときに於ける	牽引力	2640 kg
	速度	51.5 Km/h

	日付	番号	車番	件名	内容
1	S 55・12・25	高陸技 才1079	1061・1062	車両譲り受け設計変更認可申請	制動・制御装置，台車・MM他変更
2	S 55・12・25	鉄運 才124号	〃	車両特別設計許可申請	高さ，幅において車両定規に抵触
3					
4					
5					
6					
7					
8					
9					
10					
11					
12					
13					
14					
15					
16					
17					
18					
19					
20					

製造所名	製造年月	代価	前所有者名	旧番号	記事
川崎車両	昭和35年3月		阪神電鉄	モハ5107	1061
〃	昭和35年4月		〃	モハ5110	1062

検査入場中で阪神由来の仮台車を履き、1両のみ切り離された1053。
1998.5.3　仏生山工場　P：稲葉克彦

1053形が履くND115形台車。
1990.1.9　仏生山車庫　P：稲葉克彦

琴電1053の前身である阪神電鉄5231形5243号。各駅停車用として使用される高加減速車「青銅車」のグループであった。
1978.10.22　福島
P：荻原二郎

三岐鉄道から譲り受けた琴電1013型1013号。元名鉄の1020型に似ているが三岐鉄道発注のオリジナル車であった。
1984.5.19　仏生山　P：荻原二郎

●1013型（1013・1014・1015・1016・1017）
●1063型（1063）

1013型は、三岐鉄道モハ120形とクハ210形を譲り受けた制御電動車＋制御車（いずれも片運転台）である。また1063型は、同時期に三岐鉄道モハ130形を譲り受けた制御電動車（両運転台）である。

三岐モハ120形・クハ210形は、1959～1963年（昭和34～38年）にかけて東洋工機で製造された三岐鉄道の自社発注車両で、モハ120形が３両とクハ210形が２両登場した。名鉄3700系によく似たスタイルを持ち、カルダン駆動を採用するなど地方鉄道としては優秀な車両であった。

琴電1063型1063号。三岐時代に１形式1両であったモハ130形を譲り受けたもので、元阪神車と同様に中央扉が埋められ２扉車となった。
1984.5.19　瓦町　P：荻原二郎

1013型1016号。1013型５両のうち偶数車２両（1014・1016）は三岐時代より制御車（クハ210形）であった。
2001.12.13
瓦町－片原町
P：鈴木写真変電所

1966（昭和41）年には両運転台のモハ130形（のちの琴電1063）１両を増備、性能はモハ120形と同じながら混雑対策から車体は両開き３扉となった。三岐鉄道はその後西武鉄道から20m級の大型車の中古を導入するようになり、旧型車は順次代替され、ついに最後まで残っていたモハ120形・クハ210形・モハ130形が1982（昭和57）年に代替廃車された。

これら６両を一括して琴電が購入して、1013～1017および1063として整備して琴平線に導入した。これらはカルダン駆動であったが狭軌であったため、改軌に際し台車は元京急230形の台車や手持ちの物を流用して吊掛車に改造された。

琴電1013型の前身、三岐鉄道時代のモハ122＋クハ210。三岐時代はカルダン駆動であったが、琴電入線時に改軌に際して吊掛駆動の台車と取り替えられた。
1971.8.3　大矢知
P：荻原俊夫

黄色＋オレンジ帯の新塗色をまとった三岐鉄道モハ122（手前）とモハ130。いずれも琴電に入線し前者は1013型1017号、後者は1063型1063号となった。
1982.5.23　保々
P：荻原二郎

三岐鉄道時代・旧塗色のモハ130＋クハ211。モハ130は一段下降窓を採用した３扉車であった。行先表示に見られる「国鉄富田」行は、1970年の近鉄富田への乗り入れ開始に伴い希少となっていた。　1971.8.3　大矢知　P：荻原俊夫

新塗色化された三岐モハ130とモハ120形。いずれも後に琴電に譲渡されている。　1982.5.23　保々　P：荻原二郎

６両の元三岐車のうち1013型５両は、1013＋1014、1015＋1016と制御電動車＋制御車の編成を組み、連結相手のない1017は固定編成を組むための制御車として国鉄オハ31よりの改造車950を充てたが、1017＋950の編成は朝のラッシュに使用する程度で、予備車的な存在であった。また両運転台のモハ130を改造した1063は、片側３扉のうち中央の扉を閉塞して２扉に改造して増結用として使用した。さらに1987（昭和62）年に1015＋1016の編成は台車を新造して高性能化された。

京急から冷房装置付の車両が導入されると1997（平成９）年に1013・1014・1017・950が廃車、1015・1016・1063は2000（平成12）年に廃車され、元三岐車はすべて姿を消した。

■車両竣功図表　1063形　　資料所蔵：宮武浩二

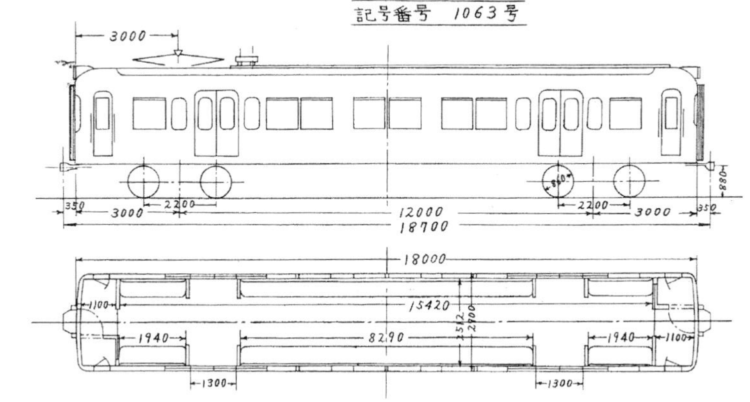

形式称号モハ1063

車両竣功図表
二軸ボギー電動客車
記号番号　1063号

高松琴平電気鉄道株式会社

昭57·10·19 高陸技第84号　譲受認可
昭57·3·31 高陸技第28号 コロ軸受化(同一設計)

定　員---------140人
(内座席)-------56人
客室面積-------38.73m²
最大寸法--18700×2840×4114mm
(長×巾×高)
自　重---------35t
連結器,高さ---空車 880mm
定員 853mm
連結器,種類----日鋼式密着連結器

制動機,種類-----急動弁付電磁空気制動装置
及電磁保安ブレーキ装置
灯,種類オヨビ個数---100V 40W 蛍光灯 12ケ
6V 10W 予備灯 6ケ
車軸(径×長)
ジャーナル------105×170mm
ホイールフィット-----165×160mm
トラック,種類-------釣合梁式

電動機　種類---直流直巻補極付(MB-98A)
出力----75kw
電圧----750v
個数---4個
歯車,比----67:22
制御器,種類----電動カム軸式
全負荷時ニ於ケル　牽引力---2360kg
速度---48km/h

製造所名	製造年月	代価	前所有者	旧番号	記事
東洋電機製造株式会社	昭和41年7月		三岐鉄道	モハ130	

おわりに

琴電については鉄道研究家諸氏の皆様が研究発表されているので、歴史には残らない日常の見たこと、聞いたことを中心に執筆した。正史には触れられないような内容も多いが、すべては積み重ねの結果が現在の車両につながっていると思う。

琴電には良い伝統もあって、他社から車両が入ると良いところは取り入れようとする気風が感じられる。頑固に伝統を守るというより新しいものに素直に学ぶ姿勢も琴電の社風で、阪神電車、名鉄電車、京浜急行電車などから取り入れた技術が多いことも付け加えておきたい。

執筆に際しては昭和30年代の一番面白い頃の琴電の写真を撮影されていた高橋 弘様の写真を高橋 修様より、荻原俊夫様からはご自身の撮影されたもののほか、お父上の荻原二郎様の戦後すぐの琴電への車両搬入の写真を提供いただき、年代的にも充実することができた。琴電の車両について生前にご指導をいただいた高木 亙様については、御子息の高木英一様からもお話を伺うことができた。また故人となられた亀井一男様、沖中忠順様には生前から格別のご協力をいただいていただけに、生前に本誌をお見せ出来なかったことは心残りである。

宮武浩二（元大阪市交通局職員）

栗林公園駅に入線する琴平線一宮行区間列車。先頭は飾り窓の面影が残る元近鉄の20型22号で、後ろは950・23・960と続く。栗林公園駅の２番乗り場には近隣に高松市立第一高等学校があり、朝の通学時は２番ホームに臨時の改札口を設けていた。１番ホーム（写真左）の改札口には紙コップによる噴水式ジュース販売機が見えて懐かしい。この販売機は琴電商事が当駅のほか高松築港・片原町・瓦町駅に設置していたものである。
1969.4.3　P：荻原俊夫